COMO IMPLEMENTAR E AUMENTAR O FUNIL DE VENDAS B2B

Vencendo Desafios & Identificando Oportunidades

Osvaldo Pereira Silva

Publicação Independente - 1a Edição

Copyright © 2024 Osvaldo Pereira Silva

Todos os direitos reservados a Osvaldo Pereira Silva.

Todas as situações descritas são fictícias. Qualquer familiaridade com situações reais, ou pessoas vivas ou mortas, é mera coincidência e sem intenção por parte do autor.

Nenhuma parte desse livro pode ser reproduzida ou copiada sem a expressa, e por escrito, autorização do autor.

ISBN: 979-83-007-8561-1
Selo editorial: Publicação Independente

Design da Capa: Osvaldo Pereira Silva

Esse livro é dedicado aos meus professores, colegas de trabalho, gerentes e a aos líderes executivos que compartilharam comigo suas valiosas experiências, momentos de conquistas e frustações.

PROLOGO

Prezado leitor,

Esse livro explora o tema de como implementar e aumentar o Funil de Vendas B2B. Vamos analisar em detalhe as características, os desafios e as oportunidades de se implementar o Funil de Vendas B2B.

Serão abordados temas comerciais B2B: o que são vendas B2B, por que organizar o ciclo de vendas em um funil, desafios e oportunidades, boas práticas para garantir uma boa implementação, como construir o Funil, e por último, aprender um modelo de Funil para utilização em reuniões gerencias.

O livro se destina principalmente a profissionais que atuam, ou desejam atuar, na área comercial ou de marketing nos diversos segmentos do mercado B2B – onde existe uma venda de uma empresa para outra empresa, e não, para um consumidor final (mercado B2C).

O livro foi escrito com linguagem coloquial.

Em cada capítulo são listados os principais desafios e oportunidades que a área em questão apresenta, e são descritas soluções que podem ser aplicadas tanto para reduzir os riscos (desafios), como para capturar as oportunidades.

Os profissionais comerciais B2B iniciantes, os supervisores ou gerentes B2B, assim como, os líderes seniores podem ler o livro e aproveitar as ideias que irão beneficiar a sua jornada como profissionais de B2B.

O objetivo deste livro é apoiar os profissionais B2B a acelerarem o crescimento e amentarem a rentabilidade de seus negócios B2B.

O livro procura ajudar esses profissionais a lidarem melhor com os desafios e oportunidades, geradas pelas mudanças no mercado, pelo *tournover* na equipe, pelas ações dos competidores, dos consumidores, e pela evolução da própria empresa, no que se refere as suas próprias forças e fraquezas.

O Prefácio foi escrito pelo Luiz Eduardo Passos, um profissional comercial senior, e que possui décadas de experiência atuando em diversos mercados B2B, tendo atuado como Gerente Geral e Diretor Comercial. É uma grande honra ter a participação do Eduardo nesse livro. Boa leitura e sucesso em suas negociações comerciais B2B.

PREFÁCIO

Dizem que há duas certezas na vida: uma que vamos morrer e outra que vamos pagar os devidos impostos. Nos meus 30 anos de experiência em vendas e marketing, eu adicionaria mais uma certeza no mundo dos negócios: Seu alvo do ano que vem vai ser maior que o deste ano.

No dia primeiro de janeiro, sua meta provavelmente será maior que seu *run rate* do ano anterior e muito provavelmente maior que o seu *exit rate*.

Claro que há formas de crescimento orgânico, seus clientes podem aumentar sua produção, sua capacidade, abrir novas filiais, uma empresa de ônibus que é sua cliente pode comprar mais ônibus, porque ganhou uma nova linha e você vender mais pneus ou peças, por exemplo, para ela, mas também pode haver perdas de clientes (*churn*), ou, mesmo sem a perda do cliente, eles podem consumir menos que o ano anterior.

Nesse balanço entre o crescimento ou decrescimento orgânico de seus clientes, mais os clientes ganhos do ano anterior que estarão maturando no ano seguinte e menos a perda de clientes, seguramente sobrará uma fatia da sua meta que necessariamente deve vir da conquista de novos clientes.

Daí a importância e relevância de uma gestão eficiente do funil de vendas. Pesquisas(**SMA Survey of 62 large B2B companies 18,000 Sales Managers 200,000 Frontline Sales**) mostram que empresas com uma gestão eficiente do funil de vendas crescem 15% mais do que aquelas que não tem um processo formal, fluido e eficiente.

Esse processo pode ser feito tanto em uma planilha excel simples, como com a ajuda de uma ferramenta como o Power BI para visualizar melhor os dados, ou até em sistemas sofisticados como o Sales Force que são integrados com o ERP da empresa.

Mas não é a sofisticação do sistema que garante o sucesso do processo e sim a disciplina da equipe comercial em executar suas rotinas, a partir do entendimento da sua relevância para o negócio e para a atividade profissional deles.

O processo é simples, desde de identificar um suspeito (marketing aqui ajuda com os leads) e qualifica-lo à prospecto (entendendo se há potencial real de compra), até identificar suas necessidades ou dores, idealmente com um *discovery sheet* baseado em perguntas SPIN(Situation, Problem, Implication, Need-Payoff), e estabelecer ou construir uma proposta de valor diferenciada e, consequentemente, vendedora, que gere valor percebido ao cliente. Óbvio que quanto mais esse valor gerado estiver conectado com os objetivos estratégicos do seu cliente, mais duradoura e rentável tende a ser essa relação.

Lembrando que a venda só se concretiza quando o cliente paga, então a gestão do funil desemboca na tradicional gestão de crédito e cobrança e, por isso, os termos contratuais são fundamentais para ter uma gestão saudável da carteira de clientes.

Para endereçar esse tema da disciplina, nada melhor que refletir nos KPIs de remuneração variável do time comercial e de marketing os indicadores de gestão do funil de vendas, seja pipeline strength, cycle time, hit hate. É aquela máxima diga-me como me pagas, que te direi como vou trabalhar.

Há parâmetros típicos para esses indicadores, por exemplo, se seu Hit Rate está em torno de 20%, seu pipeline strength precisa ser 5 para que atinja sua meta. O cycle time pode variar e ser calibrado por segmento, clientes de alguns setores tem ciclos de compras, e consequentemente de contrato mais longos que outros de acordo com o perfil da compra e estratégia de procurement.

Porém, a motivação monetária nem sempre é suficiente, é fundamental que a supervisão acompanhe muito de perto essa rotina por parte do profissional de vendas, nas reuniões semanais de follow up e especialmente nas saídas a campo para prospecção, oferecendo coaching para sobrepor as barreiras que podem estar sendo encontradas.

Estatísticas mostram que empresas que dedicam pelo menos 3 horas por mês a cada profissional de vendas para acompanhar sua gestão do funil de vendas, geram 11% a mais de receita em relação àquelas que não possuem essa prática.

Além do benefício direto ao negócio, esse tipo de dinâmica intensifica o desenvolvimento das competências do profissional de vendas, tornando sua carreira mais acelerada em busca da senioridade da sua função.

Posto tudo isso, fica realmente difícil entender por que empresas ainda não adotaram um processo de gestão do funil de vendas e não buscaram estrutura-lo de maneira a apoiar seu time comercial a chegar nos seus resultados.

Mas se sua empresa não tem um processo estruturado, você não precisa esperar por ela, você pode implementa-lo na sua carteira, lembra que disse acima que pode ser feito numa planilha excel, por exemplo, e com disciplina você pode montar o mapeamento dos seus futuros clientes, seu potencial, suas características e com tudo isso planejar uma melhor abordagem junto a eles?

Para isso, esse livro vai te oferecer não só os conceitos fundamentais para o entendimento do processo, mas também como executá-lo de forma prática, o passo a passo, com dicas e rotinas que podem ser facilmente incorporadas no seu dia-a-dia, acelerando jornada de aprendizagem e desenvolvimento.

Com isso, você atingirá resultados extraordinários e se destacará dentro do seu ambiente organizacional.

Com uma vasta experiência no tema, nos seus 35 anos

trabalhando em multinacional, tendo a perspectiva não só do campo, mas da área de marketing e de serviços de suporte ao cliente, não poderia haver melhor pessoa que o Osvado para conectar conceitos e execução prática, trazendo uma visão multidisciplinar, sim, gestão do funil de vendas vai muito além de uma atividade comercial, envolve toda as áreas da empresa.

Sendo um apaixonado por conceitos técnicos, sendo muito próximo da Academia e com um pensamento fortemente orientado para resultados, Osvaldo consegue transmitir seu vasto conhecimento de maneira extremamente didática, compreensiva e palatável, que vai fazer com que a absorção do conteúdo se dê de maneira natural e prazerosa, podendo desde o início se projetar como essas ferramentas e conceitos serão aplicadas no dia a dia.

Pude presenciar isso na prática em diversos processos transformacionais que ele liderou, trazendo sempre o *reason why*, como dizem os especialistas, comecem sempre pelo porque...a partir daí, fica mais fácil o engajamento e na sequência discutir e trabalhar com o "como". Usando toda sua capacidade de transformar ideias em processos, Osvaldo sempre fez isso com maestria, não só trazendo o time para seu lado, mas também se prontificando a ser o facilitador do processo.

Não tenho dúvida que você vai perceber e sentir isso ao ler o livro, desfrutando dessa proximidade junto ao Osvaldo. Garanto que você não vai se arrepender.

Boa Leitura.

Luiz Eduardo Passos

Profissional C-Level com vários anos de experiênica comerical, tendo atuado como Gerente Geral e Diretor Comercial B2B.

O QUE SÃO VENDAS B2B?

A venda entre empresas, em inglês, *Business to Business*, e conhecida como B2B, possui uma série de características que as distinguem das vendas *Business to Consumer* (B2C).

Vamos explorar algumas dessas características que são mais relevantes para o tema principal que vamos discutir nos próximos capítulos, ou seja, como desenvolver e implementar o funil de vendas comercial B2B.

Natureza do Cliente no Funil

Os Clientes que compõem o Funil Comercial B2B não são os consumidores finais das mercadorias, soluções ou serviços. Eles irão adquirir produtos, soluções e serviços que serão utilizados como insumos nos seus processos industriais e comerciais. São insumos, matérias primas e soluções que entram no processo de produção do comprador, que irá produzir algo para vender para o consumidor final.

É muito importante entender essa diferença fundamental para que as demais diferenças sejam melhor entendidas.

Estamos falando, por exemplo, de uma indústria que compra de outra indústria, de uma fábrica que compra de outra fábrica, de uma empresa que compra de outra empresa.

Um fábrica de biscoitos precisa comprar energia elétrica, serviços se limpeza, segurança, manutenção, vigilância, comprar serviços de internet e telefonia, comprar embalagens etc.

Outros exemplos são: uma empresa muitas vezes vende para um Distribuidor, ou um importador, que por sua vez, vende para o cliente final, ou consumidor.

Todas essas transações comerciais são entre empresas, e são classificadas como B2B.

Ciclo de Vendas mais longos

O ciclo de vendas é o tempo necessário para o fechamento do negócio. Ele representa o tempo total entre a identificação da oportunidade e inclusão no Funil de Vendas na fase inicial, até o momento em que o negócio é formalizado junto ao Cliente. Estou usando o termo formalizado, pois atualmente, existem várias formas de se confirmar ou assinar um contrato ou negócio comercial.

Esse é um indicador muito importante pois vai medir quanto tempo temos que considerar em nossas previsões para que o negócio seja formalizado, e alcance a parte final do Funil de Vendas.

Saber esse tempo, permite que a área comercial e de marketing realize previsões mais precisas sobre a capacidade de gerar receita no mês corrente, no próximo bimestre, no ano corrente etc.

Por isso, vamos incluir esse indicador na construção do nosso Funil de vendas B2B.

Clientes mais exigentes e com processos de decisão mais racionais que os do segmento B2C

O processo de decisão nas negociações B2B se caracteriza por possuir critérios de decisão mais racionais e mensuráveis do que no processo de decisão do segmento B2C. No segmento B2C podemos ter uma decisão de compra sendo tomada por impulso do comprador, por forte estímulo da propaganda, por desejos pessoais para demonstrar status, entre outros fatores característicos do segmento B2C.

Já no segmento B2B, os critérios de decisão são uma combinação de:

- Segurança de suprimentos: a empresa identifica que está operando com um nível de estoque muito baixo em função da dinâmica do Mercado, e resolve aumentar o nível de estoque.

- Aumento na previsão de vendas: a empresa ganhou um novo cliente importante, ou iniciou a operação de uma nova unidade de produção, o que vai gerar um aumento na previsão de vendas.

- Melhorias nos processos: a empresa começa a mudar a

quantidade ou o ciclo de compras em função da implementação de processo operacionais que irão alterar a produtividade, ou irão aumentar a vida útil do equipamento, ou outra melhoria operacional relevante ao ponto de impactar o fornecimento de insumos.

- Paradas e mudanças operacionais programadas e não programadas: a empresa precisa mudar a rotina de compras em função de uma manutenção industrial planejada, a chegada de uma nova unidade de produção, ou a quebra de um equipamento crítico (manutenção não planejada).

- Eventos especiais de Mercado: a empresa precisa comprar uma quantidade adicional ou antecipar as compras devido a um evento de Mercado. Pode ser o Dia das Mães, o Natal, o início do Verão, entre outros.

Processo de Decisão envolvendo mais pessoas

Um dos motivos que torna o Ciclo de Vendas B2B longo é a presença de várias pessoas envolvidas no processo de tomada da decisão da compra dos produtos, soluções e serviços.

São diversas áreas que podem participar do processo de decisão, seja no papel de analista, usuário final, comprador, competidor interno, controlador interno do processo, entre outros.

Algumas das principais áreas que podem estar envolvidas no processo de decisão são: Compras, Marketing, Logística, Produção, Finanças, Jurídico, e é claro, a área Comercial do comprador.

Esse vai ser um elemento crítico a ser incluído no Funil de Vendas B2B.

Vamos precisar incluir no Funil B2B não apenas a oportunidade comercial, mas todas as pessoas que necessitam ser engajadas para que o negócio progrida positivamente, e para que o negócio seja ganho ou fechado pela empresa B2B fornecedora.

Vendas de grandes quantidades

O mercado B2B geralmente se caracteriza por vendas em maiores quantidades que o mercado B2C.

No caso de produtos físicos, podemos ter vendas em embalagens que podem ser containers, tambores, pallets, caixas, entre outras.

Quando falamos de serviços, pode ser uma previsão orçamentária de fornecer serviços para uma grande quantidade de horas, uma variedade de localidades, ou ainda, para processos variados. Podemos ainda, ter uma combinação das características listadas acima.

Essas características são importantes, e por isso precisamos incluir as quantidades no Funil de Vendas para que as diversas áreas da empresa fornecedora possam ter uma indicação dos volumes futuros a serem produzidos, armazenados e transportados entre depósitos da empresa vendedora, e, para a empresa compradora.

Capacidade de prever vendas futuras

As quantidades transacionadas são maiores e normalmente requerem um ciclo de produção, armazenagem e transporte mais longo. Os contratos firmados tendem a ser de mais longo prazo. As relações são mais pessoais e próximas entre vendedores e compradores. <u>Esses fatores tendem a gerar uma maior</u>

capacidade da empresa fornecedora em prever vendas futuras.

Na verdade, a situação ideal é que a empresa compradora e fornecedora, se reúnam com frequência para dividir informações e alinhar planos para o futuro.

Essas reuniões podem ser chamadas de comitê de suprimentos, ou reunião de gestão de compras, entre outros nomes.

Para Clientes existentes, o profissional comercial deve utilizar essas reuniões para testar e confirmar volumes e datas que estão incluídas no Funil de Vendas.

Estamos falando de oportunidades incluídas no Funil que se refiram á: vender mais dos mesmos produtos para os Clientes existentes, vender novos produtos para os Clientes existentes e vender em outras localidades, também para os Clientes existentes.

Resumindo, é fundamental manter o Funil de Comercial B2B atualizado com as informações que são obtidas nesses fóruns.

Seja proativo e faça perguntas para se manter bem-informado!

Complexidade :processos, documentação, aprovações

Quanto maior for o valor da transação, maior for o tempo de duração do contrato e a quantidade de pessoas envolvidas por parte da empresa compradora; maior será a quantidade de processos, procedimentos, documentação e aprovações que você provavelmente terá que gerenciar como líder da negociação por parte da empresa fornecedora.

Você provavelmente terá que atuar como um orquestrador, como um gestor de projetos.

Negociação e Precificação mais sofisticadas

Este aspecto está sendo descrito por último, pois é senso comum, que em função dos fatores anteriormente listados, a negociação e a precificação das transações B2B é mais complexa e sofisticada. Seguramente, podemos observar modelos de precificação B2C bem sofisticados, mas de uma forma geral, as negociações B2B requerem uma maior elaboração em função dos valores envolvidos e das implicações comerciais e operacionais.

Alguns exemplos são: negociação em várias etapas, processo de pré-seleção de fornecedores, processo de ranking de fornecedores, fórmula de preços para precificar produtos e serviços, utilização de índices de referência para calcular e reajustar parcelas do preço negociado, cláusulas de desempenho operacional e técnico que geram implicações financeiras, entre outros.

Vamos incluir no Funil de Vendas B2B esse elemento, pois poderemos ter um aumento no Ciclo de Vendas, novas fontes de receita e novos stakeholders que precisam ser engajados.

Contratos e relacionamentos de longo prazo.

Uma das características principais do mercado B2B, é possuir contratos comerciais firmados entre empresas de médio e longo prazos. Podem ser contratos que podem chegar a ter vigência (tempo total de duração do contrato) de 3, 5, ou até, 10 anos.

Observação final:

No CRM (base de dados comercial) da empresa devem ser incluídos os nomes de todas as pessoas que podem gerar alguma oportunidade comercial para a empresa, incluindo aqui, pessoas que trabalhem nas empresas que compram produtos e serviços de empresas que vendem para B2B.

POR QUE ORGANIZAR O CICLO DE VENDAS EM UM FUNIL?

O Funil de vendas é uma ferramenta de autogestão do profissional de vendas e o ajuda a organizar suas atividades, prioridades e agenda comercial. Por isso, não deve ser visto pelos profissionais comerciais como mais uma tarefa interna a ser realizada. O Funil de vendas é também uma ferramenta gerencial que deve ajudar o profissional comercial a gerenciar seu tempo.

O tempo é um recurso muito escasso para os profissionais comerciais e a sua utilização de forma otimizada e eficaz é fundamental para o atingimento das Metas comerciais.

Isto todos nós sabemos, mas como o Funil de vendas comercial B2B pode ajudar?

Vejamos alguns exemplos:

- O Funil de vendas do ano 1, vai servir de base de referência para elaborar um Funil de Vendas para o ano 2. A qualidade da base de dados vai aumentar com a disciplina e a repetição da utilização da ferramenta e dos processos que formam parte da gestão do Funil de Vendas.

- Entender de forma mais precisa o tamanho do seu GAP. O GAP entre a Meta e a previsão de quanto será vendido caso as Oportunidades do Funil sejam realizadas de acordo com o previsto no Funil.

- Contribuir para uma discussão e definição de melhor qualidade sobre qual deve ser a Meta do vendedor para o período seguinte. A existência do Funil de Vendas vai servir como base para uma estimativa de melhor qualidade de qual deve ser a Meta para o período seguinte.

- Focar tempo nas Oportunidades Top 5. Alocar tempo nas Oportunidades mais importantes para entregar a Meta do período. Normalmente, as que apresentam um potencial maior de geração de receita no curto prazo, e assim, eliminar o GAP.

- Permite gerenciar os esforços da equipe comercial no atingimento das Metas comerciais. Essa gestão pode ser mensurada, e o progresso alcançado medido através de indicadores.

- No Funil de vendas vamos observar fases e as Oportunidades estarão classificadas nessas fases. Dessa forma, será possível ter uma visão mais clara de qual é o valor do Funil. Exemplos: qual o valor em cada fase, qual o valor que está próximo da contratação, quão concentrado o valor do Funil está na fase inicial do Funil.

OSVALDO PEREIRA SILVA

FUNIL DE VENDAS B2B: DESAFIOS E OPORTUNIDADES

Desenvolver um Funil de Vendas B2B de <u>Qualidade</u> possui diversos desafios e oportunidades que os profissionais envolvidos nas atividades de marketing e comerciais da empresa procuram entender e gerenciar. Quando perguntamos aos executivos e profissionais que atuam com vendas B2B, o que é um Funil de Vendas B2B de Qualidade, observamos várias respostas.

Alguns, dão ênfase no curto prazo, outros no longo prazo, outros focam no tamanho, outros mais na composição do pipeline.

Em seguinda, estão listados alguns desafios e oportunidades enfrentados pelos executivos e profissionais que atuam com vendas B2B.

Essa não é uma lista exaustiva, mas representa os principais itens a serem considerados no desenvolvimento de um Funil B2B de Qualidade.

Gestão do Funil Comercial B2B – Boas Práticas

- Ter a Estratégia B2B de Crescimento clara e alinhada com as Equipes de Marketing, Comercial e Técnica (no caso de vendas mais técnicas).

- Possuir conhecimento das forças e fraquezas dos principais 2-3 competidores.

- Possuir conhecimento das forças e fraquezas dos produtos e serviços da própria Empresa.

- Ter rotinas e práticas semanais voltadas a aumentar o Valor Total do Funil – não ponderado e ponderado pela probabilidade de fechar o negócio.

- Implementar rotinas semanais visando aumentar a diversidade do Funil. Produtos, serviços, tecnologias, localidades, setores.

- Gerenciar o Funil Comercial B2B usando KPIs (métricas quantitativas).

- Implementação dos comportamentos esperados a serem praticados e um processo de Coaching Comercial

- Possuir uma estratégia e metas para alcançar:

    A redução no Clico de Vendas (tempo total) dos Negócios B2B

    O aumento na Taxa de Sucesso em Ganhar Novos Clientes B2B

    O aumento na Taxa de Sucesso em RETER Clientes Estratégicos B2B

    O aumento na Taxa de Sucesso em Ganhar Novos Oportunidades em Clientes Existentes (*marketshare* nos clientes existentes.

O esforço de mover a oportunidade no funil é medido pelo progresso da oportunidade entre fases, sendo

que as evidências que justificam o progresso são evidências externas e não internas.

- Para todas as atividades executadas com o Cliente, enviar documento ao cliente resumindo os pontos discutidos (o entendimento) e acordados e pedir ao cliente para confirmar.

- Para evitar que o Funil vire uma atividade burocrática e teórica é fundamental que as informações do funil sejam o mais realistas o possível e **sejam alinhadas com o processo de decisão do cliente** e da oportunidade, e não dos processos internos da empresa e dos controles da empresa.

- Implemente a ferramenta mais apropriada ao tamanho da Equipe e a natureza e o setor do negócio B2B.

- Defina expectativas de comportamento e a visão do que se quer alcançar

- Crie uma Agenda de revisão do Funil Comercial onde será revisado o progresso e acordadas as prioridades para o próximo período. A próxima semana, quinzena ou mês de acordo com o seu negócio.

- <u>A Oportunidade deve progredir no Funil de vendas de acordo com o que acontece junto ao Cliente e não de acordo com as rotinas internas da sua empresa.</u> Não use atividades internas como: Cliente com limite de crédito aprovado, proposta comercial pronta etc. Isso não serve para medir o progresso das Oportunidades no

Funil de Vendas!

<u>Use como referência a lista de atividades abaixo:</u>

Exemplos:

- Cliente potencial abriu tempo na agenda para receber o funcionário da empresa

- Cliente confirmou que a área em discussão é importante e que está definida como uma prioridade

- A área em discussão (oportunidade) foi quantificada e o valor foi validado pelo cliente

- Cliente confirmou que o ponto em discussão possui uma verba de execução e um prazo de implementação

- Cliente indicou uma pessoa sênior na empresa e com poder de decisão para se reunir com nossa empresa

- A reunião com a pessoa sênior foi realizada e teve um resultado positivo

- A área em discussão (oportunidade) foi resumida e enviada a pessoa sênior que confirmou o entendimento

- As atividades e as ações (o plano) para atacar a área em discussão e realizar o valor da oportunidade estão prontas

- O plano foi enviado ao cliente (contato sênior e o inicial no cliente) que confirmou o entendimento

<u>Benefícios de investir tempo, energia e dinheiro na implementação e gestão das práticas listadas.</u>

-Reduzir o retrabalho, o esforço e tempo interno investido em alinhamentos, formulários, aprovações

-Melhorar a moral das Equipes

-Aumentar o senso de realização das Equipes

-Reduzir o turnover da Equipe

- Aumentar a rentabilidade da empresa nos curto e longo prazos

- Aumentar a taxa de crescimento dos negócios da empresa

COMO CONDUZIR A REVISÃO DO FUNIL COM A EQUIPE DE VENDAS

Na revisão do Funil procure quantificar ao máximo o progresso realizado ou não.

Exemplos:

- Quantos clientes incluídos no Funil

- Quantas reuniões agendadas,

- Quantas reuniões realizadas,

- Quantas escopos operacionais / técnico enviados,

- Quantas propostas comerciais completas enviadas,

- Quantas propostas aprovadas pelos clientes por email,

- Quantos contratos assinados.

- Qual o valor total do Funil e quanto ele cresceu,

- Qual o percentual do Funil está na fase de Negociação,

- Qual o percentual do Funil está na fase de Contratação,

- Qual a concentração do Funil por área de produto, por setor ou por *profile* de risco.

CONSTRUINDO O PIPELINE COMERCIAL B2B

- Inicie incluindo o Ciclo do Contato.

Um Contato pode gerar ou não uma Oportunidade. Um Contato pode gerar mais de uma Oportunidade.

Inclua os seguintes campos para o Ciclo do Contato:

Nome, Telefone, email, título da posição atual, porque esse contato é relevante, data do primeiro contato, pontos discutidos, pontos acordados, data do próximo contato.

- Inclua agora o Ciclo da Oportunidade.

Um Oportunidade Comercial possui um Ciclo, sendo que claramente, o objetivo é terminar o Ciclo (fechar o negócio) o mais rapidamente possível e de forma o mais lucrativa possível.

Inclua os seguintes campos para o Ciclo da Oportunidade:

Nome do Cliente, Objetivos do Cliente, Fornecedor atual, Projetos do Cliente, Valor estimado da Oportunidade, data da primeira reunião, pontos discutidos, pontos acordados, data da próxima reunião, fase da Oportunidade no Funil (exemplo: Prospecção, Proposta, Negociação, Contratação), razão do porquê a Oportunidade foi ganha, data da assinatura do contrato, data prevista para renovação do contrato, razão do porquê a

Oportunidade foi perdida e quem ganhou.

Reflexão e Exercício:

Digite a frase: "gestão de funil de vendas" no seu buscador favorito.

Depois clique em "imagens".

Você verá várias opções de como tornar o seu funil de vendas de fácil visualização e compreensão pela Equipe.

Qual a que mais se identifica com a sua Empresa? Com o que você quer implementar para a gestão de Funil na sua Empresa?

Faça uma análise e reflita sobre como adaptá-la a sua Empresa.

Faça a adaptação e implemente.

EXEMPLOS DE INDICADORES DE DESEMPENHO PARA MEDIR A QUALIDADE DO FUNIL COMERCIAL B2B

Registre no seu Funil Comercial B2B o Alvo para o período desejado. Pode ser o Alvo para o Ano, Trimestre ou Mês.

- Força do Funil Total: Some o valor total do Funil e faça a divisão pelo Alvo. Se o resultado for igual ou maior que 4, é uma boa indicação de força do Funil Total. 4 vezes pode ser pouco para algumas indústrias ou muito para outras, mas representa um parâmetro médio significativo.

- Força do Funil de Alta Probabilidade: Some o valor total do Funil em Negociação e em Contratação e faça a divisão pelo Alvo. Se o resultado for igual ou maior que 2, é uma boa indicação de força do Pipeline de Alta Probabilidade. 2 vezes pode ser pouco para algumas indústrias ou muito para outras, mas representa um parâmetro médio significativo.

- Ciclo de Negociação: A partir da data da primeira reunião realizada com o Cliente até o a data da assinatura do contrato ou recebimento da ordem de compra, calcule quanto tempo foi necessário para completar o Ciclo de Negociação.

- Taxa de Sucesso: Some o número de Oportunidades que foram

ganhas em um determinado período (mês, trimestre etc.), e faça a divisão pela soma do número de Oportunidades ganhas, mais o número de Oportunidades perdidas no mesmo período.

MODELO DE FUNIL PARA UTILIZAÇÃO EM REUNIÕES GERENCIAIS

Funil de Vendas – Visão Gerencial de Curto Prazo

Objetivo: Dar visibilidade e aumentar o foco nas prioridades de curto prazo por ponto focal de vendas

Fase do Funil / Nome do profissional comercial	Pré-Contratação		Negociação (avaliação e discussão da Proposta – comercial, técnico, contrato)	Contratação (implementação do contrato assinado). A primeira venda ainda não ocorreu.	Gestão de Relacionamento / Expansão das vendas / pontos de venda
	Prospecção (Existe potencial? Existe interesse?)	Elaboração Proposta			
Felipe	Clientes	Clientes	Clientes / Valor	Clientes / Valor	Clientes / Valor
Francine					
Fernando					
Outro					
TOTAL			TOTAL	TOTAL	TOTAL

O modelo acima pode ser usado para apoiar em discussões e revisões internas. Por quê?

Muitas vezes temos que realizar reuniões gerenciais com funcionários, com supervisores ou em comitês que incluem as áreas de Crédito, Finanças, Logística, Suporte a Vendas, Operações e Marketing, para discutir e revisar o Funil de Vendas.

O modelo da página anterior mostra quais são os clientes prioritários em cada fase do Funil, que clientes cada ponto focal comercial está abordando ou negociando, entre outras informações relevantes para uma reunião gerencial. Procure ser preciso, claro, objetivo e demonstre entusiasmo e confiança ao falar sobre o Funil de Vendas para sua área de negócio.

O modelo não substitui uma planilha detalhada com várias linhas e colunas de informação, que deve incluir fórmulas para calcular os indicadores de desempenho do Funil que revisamos anteriormente.

> Agora é hora de implementar a sua ferramenta de Funil de Vendas e o seu processo de Gestão do Funil de Vendas.

Como continuar o seu Desenvolvimento

- Continue a ler livros.

- Aprenda observando os seus colegas de trabalho, os seus superiores e líderes organizacionais.

- Escreva e utilize a metodologia aprendida nesse material com frequência.

- Considere ler outros materiais do mesmo autor que fazem parte da Academia Comercial B2B.

- Atenda congressos e conferências externas da Indústria onde você trabalha.

- Não espere que o RH ou os líderes da sua empresa vão tomar a iniciativa sobre o seu Desenvolvimento. Assuma o controle e lidere o seu caminho aproveitando a jornada.

- Procure fazer treinamentos online.

- Considere fazer Mentoria para temas específicos e por um tempo determinado (2-5 sessões por tema).

- Estude sobre Negociação B2B, Gestão de Stakeholders, Plano de Contas B2B, Finanças Corporativas, Gestão de Pipeline de Vendas B2B, Plano de Visitas B2B, Marketing B2B, Coaching de Vendas B2B.

GUIA DE APRENDIZAGEM E IMPLEMENTAÇÃO

Reflita, registre e implemente.

- O que eu aprendi?

- O que vou implementar?

- O que vou implementar primeiro?

- Quando vou implementar?

- Que resultados pretendo e quero alcançar?

- Quem pode me ajudar e apoiar?

ABOUT THE AUTHOR

Osvaldo Pereira Silva

Osvaldo Pereira Silva possui vasta experiência na liderança de equipes e gestão de contas estratégicas em mercados B2B nacionais e internacionais. Trabalhou nas áreas comercial como Consultor, Gerente e Diretor.

Foi Diretor de marketing, Diretor de área de serviços compartilhados, e Head Global de aprendizagem & treinamento. Trabalhou em 4 países e visitou mais de 30 países a trabalho. Possui formação em gestão Comercial B2B, Marketing B2B, Finanças, Negociação B2B e gestão de processos B2B.

Apaixonado por apoiar empresas e executivos a realizarem o seu potencial, implementarem os seus planos, e, a materializarem os seus sonhos.

Contato: osvaldopsilva@growrop.net
Site: www.growrop.net

www.ingramcontent.com/pod-product-compliance
Lightning Source LLC
Chambersburg PA
CBHW031557210526
45464CB00003B/1321